神様に愛された日

48のテスティモニー

世界基督教統一神霊協会 編

光言社

はじめに

世界基督教《キリスト》統一神霊協会（統一教会）の創始者、文鮮明《ムンソンミョン》先生は、真《まこと》の愛について次のように述べていらっしゃいます。

「真の愛は、家庭以外の他の場では決して学ぶことができない価値だといえます。真の家庭は、夫と妻、父母と子女、兄弟姉妹がお互いに為《ため》に生きて愛する所です」（『平和を愛する世界人として』創芸社、二三二ページ）

人はこの世に生まれて、父母を愛し、兄弟姉妹を愛し、やがて夫婦となって配偶者を愛し、父母となって子供を愛します。統一教会員は、このような四つの愛――子女の愛、兄弟姉妹の愛、夫婦の愛、父母の愛――を常に意識し、「神様の真の愛」を受け継いでいこうと努力しています。

また、文先生は次のようにも述べていらっしゃいます。

「ちっぽけな砂粒一つにも世の中の道理が入っており、空気中に浮かぶ埃《ほこり》一つにも広大無辺な宇宙の調和が入っています。（中略）大宇宙のあらゆる存在物は、一つとして神の心情の外で生まれたものはありません」（同五一ページ）

それゆえ、私たちは大自然の神秘の中に、人知をはるかに超えた偉大なる存在を感じるのです。私たちは、その存在を「神様」と呼びます。

本書では、幅広い年齢層の教会員が、家庭と自然の中で感じた「神様の真の愛」を率直な言葉で綴《つづ》っています。ぜひ、一つ一つの証《あか》しから、神様の愛の世界を感じ取ってください。

神様に愛された日　目次

目次

第一章
子女の愛

幸せの記録1

全部お母さんのため！

私の目はどうしてついていると思う？
お母さんの笑顔が見たいからだよ

私の口はどうしてついていると思う？
お母さんに何でも話したいからだよ

私の耳はどうしてついていると思う？
お母さんの声を聞きたいからだよ

私の手はどうしてついていると思う？
お母さんと手をつなぎたいからだよ

私の足はどうしてついていると思う？
どんなに遠くにいても、お母さんの所に帰りたいからだよ

私の心はどうしてあると思う？
お母さんと泣いたり喧嘩《けんか》したり笑ったりしたいからだよ

お母さんの誕生日ってどうしてあると思う？
私が一年で特にお母さんに感謝したいからだよ

誕生日おめでとう！

兵庫県　出口友紀　高3

幸せの記録2

八つのしあわせ

おかあさんといるからしあわせ
おとうさんといるからしあわせ
おにいちゃんといるからしあわせ
おばあちゃんといるからしあわせ
ともだちといるからしあわせ
神様といるからしあわせ
ふぼさま[*1]といるからしあわせ
みんなといるからしあわせ

おかあさんといっしょに、

あさ、おふとんでねころんでいたときにかんじました。

高知県　金子鶴南　小2

幸せの記録3

えがおのおくすり

「まま、わらって」
ままがわらっていないとき
玉ちゃんは
にっこり、わらいます。

ままがおこっているとき
玉ちゃんは
いっしょうけんめいわらいます。

玉ちゃんのえがおは

ままのおくすりですよ。
たくさんわらって
ままのびょうきを
なおしてあげますよ。

「玉ちゃんのえがおはすてきね」
って、まま、いってたでしょう？
だれにおしえてもらったか
しってる？
神様ですよ。

まま大すき！

神奈川県　藤川玉穂　小1

しあわせのにおい

冬の橋こえ　家へ帰ってきたお母さん
嬉《うれ》しくて　ぎゅっとだきしめる
ジャケットは　つめたかったけど
しあわせのにおいが　いっぱいしたよ
お仕事　おつかれさま

宮崎県　福永咲良　中2

幸せの記録5

お母さんはすごい

お母さんはいっぱい仕事をしている。
でもお母さんはいつも笑っている。
すごいな
ぼくにはできない。

神奈川県　加藤貴行　小3

花

「さな（沙菜）」というなまえは、おかあさんが、アボニム[*2]となの花ばたけでいっしょにわらってるゆめをみたから、つけられた。

はるになると、きいろのなの花をみつけて、「さなのはなだよ」とおとうさんとおかあさんは、はなしてくれた。だいすきなおかあさんが天国に行ってから、この一ねんかんは、おとうさんとまいにち、おかあさんがすきだったゆりのはなをかざってきた。とてもあまいにおいがして、やさしいきもちになる。

おかあさんを見送ったチョンピョン[*3]は、ゆきやこおりがとけて、天国のようにつつじがいっぱいさいていた。つつじをみていると、とてもキレイで、あかやピンクがひかっていて、おかあさんがとなりにいるようなきがした。

うれしいときでも、かなしいときでも、花はいつでもわたしといっしょにいてくれる。なの花も、ゆりも、つつじも、かみさまがつくってくれた。おかあさんもかみさまも、いつでもわたしといっしょにいてくれる。

福岡県　兼友沙菜　小2

幸せの記録 7

雪だるまのぬいぐるみ

お父さんへ

まだ私が小さかった頃《ころ》、あなたとは単身赴任で何年も離れて暮らしていましたね。

教会の仕事で忙しい中、時間を作って家族に会いに来てくれたけど、帰ってしまう日は急に寂しくなって、ごねて泣いた私を覚えていますか？　寂しくないようにと言って買ってきてくれた雪だるまのぬいぐるみが、いまだに捨てられずクローゼットの中にあります。

最近、年をとってめっきり体力が衰えたあなたの後ろ姿を見ると、あの頃の寂しさが一瞬 蘇《よみがえ》ります。

長生きしてよね、お父さん。

お母さんへ

一年近く宣教*4のために南米に行って十キロも痩《や》せて帰ってきた日、枝のように細くなっていた腕を見て泣きました。

ご飯の中に砂利が混ざっていて、食べにくかったから痩せちゃったと言って笑ったね。

体が弱いあなたが、無事に帰ってきたことは快挙です。

あれから十二年も経《た》って六十歳を超えた今でも、またいつ南米に行ってもよいようにと、いまだにスペイン語を勉強している。

そんなあなたを、私は誇りに思います。

東京都　坂下まどか　26歳

幸せの記録8

我が家の新しい歌

久しぶりに夫が早く帰ってきた。四歳の娘のリクエストにより、親子三人でお風呂に。狭い湯船につかりながら、我が家の新しい替え歌ができた。

♪お父さん
なあに
お父さんってカッコイイにおい
お仕事していたにおいでしょ
バイクで走ったにおいでしょ

♪お母さん
なあに
お母さんっていいにおい
シャンプーしていたにおいでしょ
ホットケーキのにおいでしょ
心も体も温まった。

夫は金属加工の仕事をしています。作業服は油くさいです。寒い冬でも片道40分のバイク通勤をしています。

静岡県　岩村由美　37歳

幸せの記録9

もみじの手

もうすぐ小学生になる息子との会話です。
「パパ、仕事っておもしろいの？
会社にはおもちゃとかいっぱいあるの？」
「おもちゃなんか置いてないよ」
「じゃあ、ぼくのおもちゃを貸してあげるから、持ってい
けば？　たいくつなときは、それで遊べばいいよ」
小さなおもちゃの自動車を二つ、
もみじのような小さな手で渡してくれました。

神奈川県　増渕昌和　42歳

幸せの記録10

むぎゅー

出勤前、いつも三歳の次男が、私に声をかけてくれる。

「鍵《かぎ》持った?」

「電話持った?」

「カバン持った?」

私は、むぎゅーとして「いってくるね」と言った。

すると、「チャックしめた?」ときた。

ガクッ。

でも、さらに愛《いと》おしくなった。

東京都　亀山久克　38歳

幸せの記録11

いばらきのおじいちゃん

この前、いばらきのおじいちゃんちに行った。
おじいちゃんは、ぼくの頭をなでながら、
「めんこいなあ、めんこいなあ」と言ってきた。
そして、
「じいちゃんの、農家、あととってくれっか？」って言うので、
ぼくはなやんだ。
おじいちゃんには、かわいそうなので笑って「う～ん」って言った。
そのあと、神様に、それでよかった？って聞いたんだ。

その気持ちって、神様、よく知ってるよね。

東京都　森田宣樹　小2

幸せの記録12

パパはわるくない

「どうしても見たいテレビのアニメ番組がある」とグズっていた次男（八歳）を叱《しか》りつけ、風呂に連れ込んだ。わが家は何事も時間厳守だ。

次男は早く風呂から上がって番組が見たいようで、カリカリしていた。普段から固形石鹸《せっけん》をタオルにつけるのが苦手なので、急いでいるその晩は、なおさらうまくいかない。とうとうズルをして、作業が簡単な液体のシャンプーをタオルにつけて、体を洗い出した。

私は次男に注意した。

「こらこら、シャンプーで体を洗っちゃダメだぞ。シャンプーは頭を洗うものだ」

「いいのっ！」

「ダメだってば。頭を洗うシャンプーで体を洗うと、頭みたいに体じゅうに毛が生えて、ゴリラみたいになっちゃうんだよ」

「……」

次男は手を止めて考え込んでいたが、しばらくすると私をジッと見て言った。

「うそつき」

「う、うそじゃないぞ……」

「うそだぁ」

「ど、どうして？」

「だって、パパは毎日シャンプーで頭を洗っているのに、髪の毛があまり生えてないじゃん」
「あ……、うう……」

その晩の祈祷[*5]会での次男の祈り。
「かみさま。
きょう、ぼくはおふろでズルをしてしまいました。
そのせいで、パパがうそをついてしまいました。
パパはわるくありません。ぼくのせいです。
パパをゆるしてください……」

神様の前に、私をかばおうと泣きながら祈る姿が愛《いと》おしく、次男を抱いて大泣きしてしまった。
何があったのか知らない妻がけげんな顔をしていたの

で、事の次第を話すと、大泣きではなく大笑いをしていた。

群馬県　小林　浩　44歳

幸せの記録13

ピンク色のカーネーション

母の日に、私は、お母さんに何かプレゼントをしたかったのですが、買うお金がありませんでした。

それでその日は、「お母さん、いつもありがとう」と、かんしゃのことばだけをつたえました。

次の日に、お母さんがおしごとに行く前に、おやつだいを百円くれました。お母さんは「少なくてごめんね。行ってくるね」と言いました。

私は学校からかえってきて百円を手のひらにおいて考えました。おいしいおかしは食べたいけど、今日はがまんしてお母さんのためにお花を買いたいと思いました。

私は百円をもってお花やさんに行きました。きれいなお花がたくさんありました。まだ、母の日のためにつくっておいたお花もおいてありました。ねだんが高いものは、お花のかずもたくさんありました。

私は百円しかもってないから、どきどきしました。百円ではお花は買えないかなあと思っていたら、お花やさんのおばあちゃんが近くに来ました。

私は勇気を出して

「ピンク色のカーネーションをください」

と言いました。

一りん百円だったので、私はお母さんが大好きなピンク色のカーネーションが買えて、とてもうれしかったです。おばあちゃんがきれいにかざりまでつけてくれました。

私はお花を大切にもってかえって、お母さんをまちました。いよいよお母さんがかえってきて、このカーネーションをあげたら、とてもかんどうしてよろこんでくれました。お母さんは「ありがとう。おやつもたべられなくて、おなかすいたでしょう」と心ぱいしてくれました。

でも私は

「だいじょうぶだよ」

とわらいました。

ほんとうは、おなかがすいていたけど、お母さんのうれしそうなかおをみれたのでよかったです。

神様もよろこんでくれたと思います。

愛知県　福島幸南　小3

第二章 兄弟姉妹の愛

幸せの記録14

小さな神様

私が、二歳の次女を叱《しか》り、
大声で泣かせてしまった時、
小学校に入ったばかりの長女が言いました。
「お母さん、
どうしたら、
そんなふうに泣かせることができるの？」
小さな神様の目と声でした。

北海道　山田美希　38歳

幸せの記録15

弟よ！

いつまでたってもレギュラーになれない次男は、
あざだらけ、傷だらけになりながら練習し、
試合のときは、裏方でレギュラー陣を支えています。
私が、「試合にも出られないのに……」と愚痴ったとき、
長男が「下積み生活があってこそだ！」と一言。
この長男もそうでした。
いろんなハンディがあったのに、黙々と練習を続け、
先生に「練習は嘘《うそ》をつかない」と言わしめた子でした。
私は、「そうだね」と、大きく頷《うなず》きました。

埼玉県　井上愛子　48歳

幸せの記録16

一人でもいないと

ぼくは六人きょうだいの長男です。ぼくがゲームをしていると、小さい弟たちがじゃまをしにきて、いやだなと思うこともあるけど、きょうだいの一人でもいないとさみしくなります。

この前、妹が一人うまれないで、五か月おなかにいて、死んでしまいました。その時、なぜ死んだのか、ふしぎに思いました。地上天国*6をつくるのは一人でも多いほうがいいのに、ぼくみたいに生きていけないで、死んでしまった妹のことを思うと、悲しいと思いました。

人はなぜ死ぬのだろう、れいかい*7でも大切な仕事をするのだろうか。ぼくにはまだわからないけど、神様にも考えがあるのだと思いました。
家族八人がそろうと、ぼくは家族っていいなと思います。みんなで助け合ってこれからも過ごすことが大切だと思いました。

神奈川県　楠　忠修　小5

この文章は一九九二年に書かれたもので、楠さんは現在二十八歳です。

幸せの記録17

親の代わりに

弱小野球チームのキャプテンとして孤軍奮闘する次男（小六）。

ついつい愚痴が出てきます。

「どうせ、おれ一人がどんなに頑張ったって勝てっこないんだ。

あいつら、おれの足引っ張ってばっかだし」

弟を野球に導いた長男（高一）がキレた――。

「おまえがそんな気持ちだから、チームがよえぇんだよ。

人のせいにすんなよ！」

親が喉《のど》まで出かかってのみ込んでいた言葉を、代わりに言ってくれたのでした。

秋田県　佐藤実和子　45歳

幸せの記録18

約束の向こう側

長女が「夕食前に宿題を終わらせる」という約束を破った。
弟たちに誘われて、つい遊んでしまったのだ。
約束を破った罰は、「夕食を食べない」ということであった。
自分で決めた罰なので、皆が食事をしている中、
長女は必死に耐えていた。
その時、驚くべきことが起こった。
普段はモリモリ食べる弟たちが、
「お姉ちゃんにあげる」と、ご飯とおかずを少しずつ残したのである。

私は「ダメだ」と言い放った。
一家の規律を子供に変えられては、お父さんの立場がなくなる。
一家の主は子供ではなく、お父さんなのだ。
しかし、心の中では素晴らしい姉弟愛に感動していた。
思わず涙がこぼれそうになったので、そそくさとお風呂に入った。
私の入浴中、妻が長女に食事をとらせたことは言うまでもない。

東京都　大森浩一郎　45歳

第三章
夫婦の愛

幸せの記録19

ペパーミントの香り

ある朝、
庭からペパーミントを摘んで、
夫婦で紅茶を味わっているとき、
今年還暦を迎える主人に、質問をしてみました。
「お父さん、人生の中でしあわせに感じたのは、どんなことでしたか?」
「お母さんと結婚したこと」
「奥さんのどんなところがいいですか?」
「女らしいところ」

その日の朝、三つ指ついて、主人を見送りました。

宮城県　早坂豊子　59歳

幸せの記録20

「ありがとう」のデュエット

どうしてこんな気持ちになったのだろう。
理由は、わからない。
ある朝、いつものように、仕事に出かける夫を玄関で見送った。
バタバタした忙しい朝でも、極力夫を玄関で見送るようにしている。
たとえ、今日帰ってくると分かっていても別れはさびしい。
その日は、なぜか、夫に対する感謝の思いがわきあがり、思わず、
「お父さん、ありがとう」と言葉が出た。

ところが同じ瞬間、夫の
「お母さん、ありがとう」の言葉が重なったのだ。
私は心の底から深い一体感を感じ、とても嬉《うれ》しくなった。

東京都　阿部るみ子　50歳

幸せの記録21

元気をくれたあなた

ある日ふと、夫に聞いてみた。

「私って奥さんとして何点？」

すかさず夫は答えた。

「100点」

「え〜っ⁉」

朝起きるのが苦手な私は、
100点じゃないことぐらい自分が一番知っている。

けげんそうな顔をしていると、

「じゃ……、120点！」

どうやら、私がちょっと元気がないと感じていたらしい。

温かいまなざしで見守ってくれている夫君《あなた》、
いつもありがとう。

熊本県　高野治代　34歳

幸せの記録22

「粒あん、ください！」

夫は粒あんが好き。
でも夫は、こしあん党の私のために
いつもこしあんのまんじゅうを買ってきてくれる。
私も和菓子を買うときは、夫の喜ぶ顔を見るために、
粒あんを買ってこよう。

長崎県　斉藤多佳子　42歳

幸せの記録23

笑顔のたまもの

早朝、蝉《せみ》しぐれの中、畑に行くと、夏野菜の小玉スイカが実っていました。ひと汗かいて、帰ってからの朝食の美《お》味《い》しいこと。

それから、夫の介護が始まります。もう十年が過ぎました。

実ったトマトやキュウリを見せながら、「きょうは、こんなに大きくなっていたよ」と手渡すと、夫は「重たいなあ」とうれしそう。

十年前、夫は物忘れがひどくなり、時間や季節がわからなくなりました。感情の起伏が激しくなり、暴力的で物を壊すこともしょっちゅうでした。

薬の副作用で体がぼろぼろになっていく中、ある神経内科の先生と出会い、薬は一切飲まないようにと指導されました。以後、体は回復し始め、歩けるようになりました。先生は、「奥さんの笑顔のたまもの」と褒めてくださいます。

夫は日に日に、純真になっていきます。

家の中ですれ違うと、ペコリと頭を下げるなど、ほほえましい場面もあります。優しく穏やかだった若い頃の夫のようです。

今は、時々手をつないで散歩に出かけます。「うらやましいなあ」と言ってくださる方もあります。こんな穏やかな心情で生活できるのも、み言《ことば》*8のおかげです。

夫婦の愛

「真の愛とは、ため[*9]に生きること」、このみ言をもって自分を無にし、夫婦の情をより深くはぐくむことが、きっと神様が与えてくださった環境なのだと、感謝しています。

大阪府　上山秀子　68歳

幸せの記録24

ハートのハッシュドポテト

結婚記念日に、ささやかなお祝いの食事を作った時のことである。何げなく作ったハッシュドポテトが、いつの間にかハートの形になっていた。

重度の自閉症の息子を抱える私たち夫婦は、正直言ってしんどいことも多い。息子は学校や外ではおとなしいが、そのぶん自宅では大声を出したり、物を投げつけるなど、少々暴力的になる。それが原因で、夫婦で言い争いになることもしばしばである。

でも結婚記念日に、思いがけずハートのポテト。いろいろと大変だけど、二人で仲良く頑張れ！と、神様が応援してくれているのだと思う。
この先も、おそらく山あり谷ありの道のりだろうが、辛《つら》い時や苦しい時こそ、神様が与えてくださった真の愛を見失うことなく、夫婦が一つになり、家庭を一つとして、神様の愛の証《あか》し人となっていけるよう、努めていきたいと思う。

神奈川県　中山恵子　52歳

幸せの記録25

忘れられない言葉

わが家は、子供四人と私たち夫婦の六人家族です。日ごろ、忙しく飛び回っている私は、家のこともままならず、夫にも、子供たちにも申し訳なく思っています。それでも夫は、「いつも、おいしいご飯、ありがとう」と言ってくれます。

そんな夫の忘れられない言葉。

長女の出産のときでした。初めてのお産で、私は疲れ切っていました。病院側は産後すぐの私には知らせてくれませんでしたが、長女は障害を持って生まれました。

後で聞いた話ですが、付き添いに来てくれていた母は、いたたまれず、夫に言ったそうです。

「どうして、あなたたちのような真面目に生きて祝福*10を受けた夫婦に、こんなことがあるの？」

夫の返事はこうでした。

「お義母《かあ》さん、〝どうしてこんな〟と思わないでください。私たち夫婦は、私たちの代で今までの家系の痛みや苦しみも清算*11したいと思っていたのです。神様が授けてくださったので、大丈夫ですよ」

以来、母はもちろん、私もこのような夫を、心から信頼し、感謝するようになりました。

東京都　藤澤聖子　45歳

幸せの記録26

「今でも愛しているよ」

夫が他界して十六年になります。当初は寂しくつらい日々を過ごしましたが、時がたつにつれてその思いは薄れていきました。

あるとき、これではいけない、もっと夫を意識して生活しようと思うようになりました。朝の挨拶《あいさつ》はもちろん、折に触れて話しかけたり、楽しかった思い出を手紙にしたためたりするようになりました。

それを始めてから三か月ほど過ぎたころでしょうか。「大丈夫だよ、おれがついているから」という声が聞こえてきたのです。

夫だとすぐに分かりました。

このときから、かなり頻繁に交流できるようになりました。声に出さなくても、思いを寄せるだけで通じるのです。

「ヨシ君（孫）の発表会、一緒に行こうよ」

「ああ、いいよ」

「今度、紅葉を見に行きましょう。デートで紅葉は初めてね」

「おれもうれしいよ。楽しく過ごそう」

「私たち、霊界で会えるかしら」

「大丈夫だよ、迎えに行くから」

こんな他愛もない会話の、なんと楽しいことでしょう。

あるとき、「あなた、私に望むことは何？」と聞いてみました。

すると夫がこう答えてくれました。

「おまえはまじめでいいけど、男はみんな、支えて尽くしてくれる女性を好むんだよ。

男は何と言っても、自分の女房を一番愛しているんだよ。

だから、どんなことがあっても信じること。

今でも愛しているよ。子供たちを立派に育ててくれてありがとう」

この言葉は、私の大切な宝物になりました。

神奈川県　細田モモ子　64歳

第四章
父母の愛

幸せの記録27

命を削って

結核だった母は、自分の命を削って私を誕生させました。父と母は祈りを込めて、幸せに恵まれるようにと、「幸恵」と名前をつけてくれました。

私が一歳半のとき、二十八歳の若さで亡くなった母の記憶はありませんが、ずーっと温かいものに守られていたように思います。

母の願いがそうであったように、私の願いもまた、子供のしあわせ。親の願いは時を超えても、いつも同じですね。

宮城県　前島幸恵　60歳

幸せの記録28

「お母さんも一緒に頑張る」

高校一年の春、入学して間もないころ、友達のことで悩み、学校がつまらなく感じるようになりました。

ある朝、母が私の顔を見て気づいて、「学校はどう？」と聞いてきました。私は思っていることを全部、話しました。いつもなら明るく励ましてくれる母でしたが、その時は、私と同じ気持ちになって「そっか」と深く考えているように見えました。

その日、嫌々、学校へ行きながら、「学校が楽しいと笑顔で答えることもできないなんて、親不孝だなあ」と、悔しさでいっぱいになりました。

その日、母からメールが来ました。

「きょうは学校どうだった？　周りがどんな環境だったとしても、仁海《ひとみ》なら良い方向に変えていけるよ。今までそうしてきたじゃん！　お母さんも一緒に頑張るから！」

これを読んで、

「そうだ、前向きに行かないと！　どんな環境でも、神様が私に与えてくださった環境なんだから、感謝しないと。今、私の周りにいる友達は私にしか愛せない友達なんだ。悩んでいる場合じゃない。私がこの学校に通うようになったことも何か意味があるはず。学校や友達を神様に近づけるように投入しないと！」

と思いました。

友達同士の関係だけでは限界を感じるけれど、神様、親から来る真の愛は、すごい力があると思います。その素晴らしい真の愛を、少しでも広めていきたいと思います。

埼玉県　坂本仁海　高3

幸せの記録29

重なった涙

高校を卒業し、親元を離れて留学した長女から、長い手紙が届きました。涙で読み終え、神様に感謝の祈りを捧げました。

〝この先ずっと、喜びの心で天とともに歩んでほしい〟と。

手紙は、幼かった自分への反省、今の生活への感謝、神様と親への感謝にあふれていました。

「お母さんの聖書を持っていってよかった。

赤い線がいっぱい引かれていて、染みがついていた。

私もそこを読んで泣いたので、涙と涙が重なったよ。
お母さんの神様が、私の神様になったよ。
お母さんの子供に生んでくれて、ありがとう」
その手紙は、私の人生の中で一番の宝物となりました。

東京都　澤田恵子　51歳

幸せの記録30

お父ちゃんの幸せ

お盆に家族で帰省した。
兄弟も集まり、にぎやかな時間を過ごしていると、父は言った。
「子供たちがいて、孫がいて、
こうしていることが、お父ちゃんの幸せだな」
一瞬、胸が熱くなった。
お父ちゃん、心はいつもそばにいるよ。

茨城県　仲野たか子　43歳

幸せの記録31

父の温かさ　母の温かさ

ホカホカして　温かい　父の手
ポカポカして　温かい　母の腕の中

嬉《うれ》しいな　楽しいな　父とのお話
落ち着くな　癒《い》やされるな　母とのお話

子供のために　一日中　走りまわる姿
子供のために　何度　裏切られても　信じる姿
子供のために　何度でも
叶《かな》えてあげたいと想いやる姿

時に　ふっと　見せる　親の嬉しそうな眼差し
時に　ふっと　見せる　子供を想う　涙の粒
そんな父と母の愛を受けて　私は　生かされている

今　正直に言えるよ
〝お父さんとお母さんの子供で良かった〟って
今　生きている事が　こんなにも幸せな事なのかって
思えたのは
父と母の　愛情　故《ゆえ》です
ありがとう　ありがとう

愛しています　お父さん

愛しています　お母さん

栃木県　村上真唯　21歳

幸せの記録32

生まれてくれてありがとう

長い長い不妊治療のすえに
神様から授かった娘。
四十三歳の初産だった。
ようやく逆子がなおったと思ったら
いきなり破水。
陣痛が弱く
結局は帝王切開になった。
胸の上にちょこんとすわらされている
初対面の娘に
涙ながらにかけた言葉は

「生まれてくれてありがとう」

神奈川県　前田倫世　45歳

幸せの記録33

神様がくれた二年間

障害を持って生まれた長女が十七歳で亡くなりました。たんが詰まったのを、吸引してあげられなかったことが原因でした。私は長女の死後、自分を責め続けました。するど、ある霊的な人を通して、長女がメッセージを送ってきたのです。

「お母さん。お母さんは私が亡くなったことを悲しんで、自分のせいだと言って、ずっと泣いて苦しんでいたね。でも、お母さんのせいじゃないよ。

神様は私が亡くなる日を十五歳と決めていたの。でもお母さんがあまりにも神様に懇願するから、神様が二年間プレゼントしてくれたんだよ。
私はお父さんとお母さんから愛情をたっぷり受けたから、こっちに来ても寂しくない」

東京都　清水美代子　54歳

幸せの記録34

ベランダで

ある夏の土曜日、午前四時。

二人の子供の部活の遠征が重なり、弁当や飲み物の準備に追われていた。その合間に子供を起こすのだが、起きないどころか、反抗的な態度。前日までの仕事の疲れを引きずっていた私は、だんだん腹が立ってきた。

「だれのためにこんなに早起きしてると思ってるのよ」

ぶつぶつ言いながら、ベランダに飛び出してしまった。

その瞬間、薄暗やみの中を、一台の自転車がすっと角を曲がって、こちらに向かってきた。顔なじみのお母さんだった。子供同士が同級生で、ＰＴＡの仕事を一緒にしたこともある。

よく見たら、その自転車のかごには新聞がぎっしりつまっていた。なんと、新聞配達をしていたのだ。

そのお母さんには三人の子供がいるのだが、末っ子は障害を持ったお子さんだ。そのために、日中フルタイムで仕事はできないと話していた。でもいつも明るくて、その末っ子を連れてどこにでも出かけていく。

私はすごすごと台所に戻った。


神様、ありがとう。

これがあなたの答えですね。

愛知県　宇田川昭子　45歳

幸せの記録 35

子だくさんの夢

子だくさんの母になるのが、幼い頃《ころ》からの夢だった。

結婚して三年、五年、十年たっても、子宝に恵まれない。何度も検査や配偶者間の人工授精を試みた。原因は夫にあった。自分の夢を実現したいがために夫との訣別《けつべつ》を決意したとき、み言《ことば》に出会い、神様が親であることを知った。

親であるならば、子の最大の夢をなぜ叶《かな》えてくれないのか、と祈り続けたある日、すっぽりと包みこまれるような温かい空気が全身にゆき渡り、どこからともなく、悲しげな声が胸に迫ってきた。

「私も、ひとりも子供を抱けなかったよ……」

すぐに神様の声だと気づいた時、私の目からはあとからあとから涙があふれ、嗚咽《おえつ》していた。

神様の悲しみのほんの一端ではあるが実感することができた。落ち込んだ時などに戻っていくことのできる、大切な、初めての神様との対話である。

その後、夫や霊の子[*12]の姿を通して、姉として、母としての心情の訓練を受け、神様を感じつつ歩むようになった。

実の子供には恵まれなかったが、子だくさんになる夢を伝道を通して実現したい。夢は今も私の胸の中にあふれている。

埼玉県　矢野華子　56歳

幸せの記録36

アイスコーヒー

真夏の伝道路程を歩んでいた。*13

何軒も何軒も訪ね歩いて、へとへとに疲れていた。

のどもからからだ。

自動販売機でジュースを買おうか。

いや、もう一軒訪ねてみよう。

気を取り直してチャイムを鳴らし、ガラガラと玄関の戸を開けたら、目の前に、アイスコーヒーをお盆に載せたおばさんが立っていた。

そのおばさんは、見ず知らずの私にこう言った。

「のどが渇いているでしょう、飲んでいきなさい」

しばらく会っていない母を思い出した。

埼玉県　小川真道　43歳

幸せの記録37

メールのぬくもり

二歳上の姉に引っ張られてちょこちょこ走っていた息子、ひょうきんで明るくて、丸コメ君とあだ名されていた。せっかく入った幼稚園を一年で辞めさせ、保育園に変えた。「母ちゃん、母ちゃん」と泣き叫ぶ息子を保育園に残し、朝から晩までみ旨[*14]を歩んだ。

人一倍甘えん坊で寂しがり屋の息子。もっていき場のない思いを高校生になってバイクに向けた。昼も夜も暴れまくって――。三年泣いた。主人と二人、心を合わせて息子に向かった。

「寂しい思いをさせ続けた、抱きしめることも、あなたの気持ちをわかってあげることもできなかった母だった……」。長い長い手紙を泣きながら書き、息子の部屋に置いた。息子はその手紙を手に、目にいっぱいの涙を浮かべ肩をふるわせていた。

そんな息子が結婚し、二児の父親になった。時たま孫を預かる。孫を連れて帰る途中、メールが入った。そっと開いてみた。「ありがとう。感謝しています」。温かい息子のぬくもり。開けては閉じた。

足りない親でした。だけど、いつも私たち親子に、寄り添ってくださった神様、ありがとうございます。

京都府　副島広子　57歳

幸せの記録38

タカイ、タカイ

とにかくじっとしていない。

絶えずハイハイしている。ソファーの背もたれの上にもよじ登る。「タカイ、タカイ」で飽きたらず、振り回し、放り投げられては喜んでいる。まだ一歳前の長男である。

二人目の女の子は、「タカイ、タカイ」をすると顔がこわばり、喜んでいないのが分かる。椅子に座らせると一時間でも二時間でもおとなしく座っている。

ある時、娘が食事をしながら寝てしまった。茹《ゆ》でたブロッコリーを握り締め、おでこは皿の中。しばらくして顔を起こした娘は、ニコニコ顔でまた食べ始めた。家内と私は、涙を流して大笑いした。

この瞬間、突然、神様の何かがすうっと入ってきたような気がした。何と表現してよいか分からないが。三人目が欲しい。

私の強い希望に応《こた》えてくれた三人目は、「タカイ、タカイ」が大好きな女の子であった。

すると、また何かがすうっと入ってきた。今度ははっきりと分かった。

何人でも無条件に愛したい、神様の思いだった。

愛知県　大島博秋　54歳

幸せの記録39

あなたは大事な子

「お母さん、○○ちゃんが私のこと、化け物だと言うの」

この子には体に障害があります。

私はぎゅっと抱き締めて、にっこりして言いました。

「あなたは大事な子、神様の子、
お父さん、お母さんの大切な子だよ。
○○ちゃんは、なにか嫌なことがあったのかもしれないね。
さっ、元気を出して。

明日《あした》は○○ちゃんに、おはようって言おうね」

群馬県　酒井恵美　35歳

幸せの記録40

泣き崩れた母

私が八歳のとき、弟を事故で亡くした。親の留守中、私が弟の面倒をみていたのであるが、つい友達との遊びに夢中になってしまった。その間に弟は池に落ち、死んでしまった。

母が泣く姿を見たのは、このときが初めてであった。その姿を見て、私は自分が犯した過ちの大きさを実感した。

それ以来、私は悩み続けることになった。最初は罪悪感にさいなまれていただけであるが、世の中の不幸な出来事をたくさん知るにつけ、「神様がいるのかいないのか、いるならぶん殴ってやりたい、いないなら自殺したい」と悩むようになった。

この悩みは、統一教会に出会うことで一掃された。神様が存在すること、神様が人を救いたくても救えない理由が分かった。

弟も消えたわけではなく、霊の世界で生き続けていることも知った。私は、地獄から天国に急上昇したような気分だった。

やがて私も結婚し、三人の子供の親となった。

娘が八歳になった年の、ある日曜日。子供たちを連れて実家に行った。その日は、たまたま私の誕生日であった。娘が母に手紙を渡した。その手紙を読んで、母は泣き崩れた。

手紙には、幼い字でこう書いてあった。

「おばあちゃんへ。きょうはパパのたんじょう日です。パパを生んでくれてありがとう。」

母は、私以上に悩み苦しんできたのだ。自分が命を懸けて生んだわが子を突然の事故で亡くしたショック、幼い私に弟を預けてしまった後悔の念、息子の私が悩み苦しむ姿を見る苦しみ――。

そして、そんな思いを微塵《みじん》も感じさせずに、私をここまで育ててくれたのだ。

きっと神様も母と同じような、否、それ以上の思いで、わが子である人類を見つめてきたに違いない。

そんな親心にまで気づくことができず、

「私は悩み苦しみから解放され、幸せな家庭を築いた」

と喜んでいた自分が、恥ずかしかった。

くしくも私が悩み始めた年齢になった娘を通して、神様の愛の偉大さ、母の愛の偉大さを教えられた。

群馬県　中林正夫　45歳

幸せの記録41

破壊されることのない宝

啓次くんへ。

あなたは、おなかにいたとき地球を半周し、ザイール（現・コンゴ民主共和国）で誕生しました。ザイールでは珍しい日本人の赤ん坊のあなたが誘拐されないよう、徹夜で守ってくれたザイールの人々でした。

それというのも、当時、外国人新生児の誘拐事件が頻発していたからです。

あなたが生まれた美しい都市キンシャサが、昨年、無惨にも破壊され、頑丈なキンシャサ一のスーパーマーケットもバズーカ砲で窓枠も何もない廃墟《はいきょ》となり、あなたが生まれたガリエマの病院はたくさんの負傷者で埋めつくされました。

そのようすをCNNのニュースで見た時、思わずテレビの前で号泣してしまいました。

多くのザイール人たちが職場を放棄し、あるいは略奪者へと転じる中、お父さんの経営する会社のザイール人従業員がみな、お父さんの身を心配して集まり、全員で日本大使館まで送ってくれました。

駐ザイール日本大使は、命懸けで日本人を守ってくれた貴重なザイール人だと驚き感激していました。暴徒の襲撃を恐れてザイール人の運転手はみな逃げ出していたので、大使館員が危険を冒して邦人救出に当たっていたのです。

十有余年のお父さんの汗と涙の結晶である会社やレスト

ラン、店舗等はすべて破壊されましたが、ザイール人の心に忘れ得ぬ思い出を残しました。

過酷な環境の中、健康だけが取柄だったお父さんは何度もマラリアにかかり、身体がガタガタになりながら、貧しいザイール人の痛みと悲しみを理解し、ザイール人のために生きたのです。

お父さんの生きざまは何ものにも破壊されることのない宝です。

あなたも小さい頃《ころ》は、一年か二年に一度のお父さんの帰りを待ちわび、お父さんが日本を去る時は、

「行っちゃいやだ」

と駄々をこね、お父さんから離れようとしませんでしたが、大きくなるにつれて、口をへの字にしてくるりと後ろ

を向き、目にいっぱいの涙を浮かべながら、バイバイと手を振っていましたね。

でも、お父さんからの密度の濃い愛を受け、それが力になって勉強やスポーツに頑張りましたね。

お父さんの無言の後ろ姿を見ていたあなたは、他の国の人を愛することの厳しさと哀しみと、そしてそれ以上に喜びが分かり始めましたね。

あなたも、日本の視点ではなく神様と世界の視点に立って、お父さんのように人のために生き、多くの人々に感謝されるような、何ものにも破壊されることのない宝を積んでいってほしいと思います。

ケニア　吉田良子　50歳

父母の愛

この文章は、一九九二年十二月、吉田さんが息子の啓次さん（当時小六）に宛てて書いたものです。吉田さんは二〇〇六年五月に亡くなり、夫の輝男さんの許可を得て掲載しました。

第五章
自然の中の神様

幸せの記録42

かみさまがつくったしぜん

わたしが、まだおかあさんのおなかのなかにいたときのはなしをしてくれました。


じょうがふかくてやさしいこがうまれるように、はるにはさくらをたくさんみて、はなしかけました。

なつには、くうきのきれいな、きのたくさんあるみちをさんぽしました。

あきには、もみじやコスモスをさがして、しゃしんをとりました。

ふゆには、ゆきのなかをあるきながら、きれいねとはなしかけました。
これはぜんぶかみさまがつくったんだよと、はなしました。
わたしはそのおかげで、きれいなはなや、おはなのついたものがだいすきです。
ひろいこうえんをはしりまわるのもだいすきです。

東京都　中村萌香　小1

幸せの記録43

だれも教えないのに

私の文鳥が卵を産みました。
その卵がかえって、ヒナが3羽、元気に鳴いています。
だけど、だれにも教わらないで、
どうしてこんなにじょうずに生まれたのか、
とても不思議です。

東京都　田中歩美　小5

幸せの記録44

虹

自分のエラーで野球の試合に負け、落ち込んで帰る道すがら、大きな虹が出ているのに気がついた。

半円の端から端までくっきり見える、やけに立派な虹だった。

思わず見とれているうちに、神様が一生懸命慰めてくれているのが分かってきた。

「もう大丈夫だから、心配しなくていいよ、神様」

強がりを言ったものの、こらえていた涙があふれて困った。

新潟県　齋藤健郎　高1

幸せの記録45

シゴル（いなか）

私のハラボジ（おじいちゃん）、ハルモニ（おばあちゃん）は韓国人です。韓国のシゴルに住んでいます。私は毎年、夏休みにシゴルに行きます。

私は行くたんびに「つまらないなぁ」と思います。なぜかというと、何もないからです。食べたいものを売っている店やレストランもなく、ビデオ・ＤＶＤもありません。遊び道具もありません。食べるものもいつも同じです。

だけど、なぜかまた行きたくなります。何もないのに、なぜだろう――。

それはたぶん、ふだん感じられないことをシゴルでは感じることができるからだと思います。それが何なのか、うまく説明することはできませんが、シゴルは私の心をあたたかくしてくれます。

まわりの風景は、日本とはまるでちがっています。家のへいにはカボチャのつるがのび、黄色い花がさいています。見わたすかぎり田畑が広がり、真夏なので草花は青々としています。緑も、うすい緑、こい緑とさまざまです。

すべての物が生き生きしています。トウモロコシはピカピカと光り、草花は風にふかれながら太陽に向かってのびています。

シゴルのにおいは、牛とたまねぎのにおいです。いつも変わらない風景は時が止まったようです。

近くの海も、自然がありのままのすがたで、まるで絵のようです。遠くまで広がる浜には、つり舟が何そうか置いてあり、浜を歩いていくと、イイダコをとっているおじさんを見かけます。そこは、とてもほのぼのとした場所です。

数時間後、さっきの舟を見てみると、いつのまにかしおが満ち、海の水にうかんでいました。静かな風景の中で、その時だけは、時間の流れを感じました。

シゴルのハラボジ、ハルモニは私たちが遊びに行くと、とても喜んでくれます。言葉はあまり通じないけど、あたたかい愛情を感じます。ハラボジとハルモニは、自分のうれしい気持ちをまっすぐに伝えてくれるからです。

ハラボジがみんなにごちそうしてくれたおさしみ、ハルモニが育てた豆を皮と実に分ける作業の手伝い、どれも心に残っています。私はシゴルの自然やハラボジ、ハルモニから、神様のあたたかい愛情を感じることができます。私を待ってくれているハラボジ、ハルモニ、シゴルの自然に、また会いに行くつもりです。

東京都　徐《ソ》嘉《カ》琳《リン》　小5

幸せの記録46

妻のふるさと

祝福を受け、妻の実家に初めて挨拶《あいさつ》に行ったときのこと。
駅に降り立ち、見回した風景が、どことなく懐かしい。
それもそのはず、数年前、三か月ほど滞在して伝道した地
だった。

ああ、この道、この曲がり角。
冷たい麦茶を飲ませてもらった家。
この公園でトイレを借りた。
あの田んぼのあぜ道で休憩したっけ。
涙ながらに愛した地との、感動の再会だった。

このときから、妻のふるさとは私のふるさとになった。

埼玉県　宮木修一　42歳

幸せの記録47

風

じーじとぼくは、サイクリングに行くことにしました。風は、目をゆらしてぼくたちをみると、サラサラとついて来ました。

しばらく走ると、川が見えてきました。風は、葉っぱを一枚とると、川に泳がせてあげました。

またしばらく走ると、ぼくたちは、汗をかきました。すると風は、シューッと口で吹いてくれました。そして自分の耳で、

「ちゃんと吹けているかな?」

と、たしかめていました。

ジャカトン、ジャカトン！

田んぼのあぜ道まで来ました。

風も音をおぼえて、いっしょにジャカトン、ジャカトン！　と走りました。

そして、目的地につきました。そこは、陽にてらされたいなほが、金色に光っていました。その上を、風がうねって右へ行ったり、左へ行ったりしました。その様子が楽しそうで、感動しました。


そこでじーじが、歌を歌ってくれました。

誰が風を
見たでしょう？

ぼくもあなたも
見やしない
けれど木の葉を
ふるわせて
風は
通りぬけていく

（「風」詩・ロセッティ、訳・西條八十）

風はとう明だけれど、ぼくと同じで、目も耳も心もあると思います。
それは、創《つく》った神様に似ているからです。
だから、ぼくはあの日、神様と一緒にサイクリングに行ったんだ!!と思います。

神奈川県　藤川力彰　小2

幸せの記録48

千年万年見ていたい

実家から一時間半くらい車を走らせると、十和田湖・奥《お》入瀬《いらせ》渓流があります。

夏の奥入瀬の美しさは格別です。緑の濃淡と光の演出、水の白さ。千年万年見ても飽きない美しさが何キロも続いているのです。

この草木たちは、同じ姿勢で、同じ景色を見ていて、飽きないのかしら？

そんな疑問を持ったとき、「この草木たちはお互いに賛美し合い、尊敬し合い、信頼し合っているから飽きることはないいんだ！　永遠なる神様が創造された証拠なんだ」という答えが返ってきました。愛で生かし合っている自然の中で、「神様の永遠なる真の愛」に出会った瞬間でした。

一人で見ても心を奪われる美しさでしたが、夫と並んで見た瞬間、景色ががらりと変わりました。何千倍、何万倍もの感動から「何億万年もそこにいたい」という思いが湧《わ》きました。

「神様、本当にありがとうございます」と心の中で叫んでいました。

東京都　卜部貞子　59歳

註

＊1　ふぼさま（父母様）

世界基督《キリスト》教統一神霊協会（統一教会）の創始者、文鮮明《ムンソンミョン》先生ご夫妻のこと。文先生ご夫妻は、イエス様の使命を継承して実現する再臨主であり、人類始祖アダムとエバが個性完成し、結婚して立つはずであった「人類の真《まこと》の父母」の位置を勝利された方です。教会員は敬愛の念を込めて「真の父母様」、あるいは「父母様」と呼んでいます。

＊2　アボニム

韓国語で「お父様」の意。ここでは文鮮明先生のことを指します。教会員は、ご夫妻（真の父母様）を別々に、「お父様」「お母様」と呼ぶことがあります。ちなみに、「お母様」は韓国語で「オモニム」です。

＊3　チョンピョン（清平）

韓国の清平という地域にある「天宙清平修錬苑」のこと。文鮮明先生の長年にわたる特別な祈りが込められた地です。教会員にとっては修練所であると同時に、善霊人となった先祖や亡くなった家族に、霊的に出会える特別な聖地です。

＊4　宣教（世界宣教）

統一教会では一九七五年、本格的な世界宣教が出発しました。日本、韓国、ドイツからそれぞれ一人ずつ、三人で宣教チームをつくり、世界九十五か国に派遣されました。以来、各国で血のにじむような苦労の歴史が刻まれました。その苦労が実を結び、今日では世界百九十二か国に教会の基盤が築かれています。

＊5　祈祷会

教会や家庭などで集まって祈祷することを祈祷会といいます。祈祷は神様と交流するために、信仰生活において欠かせないものです。教会員は、朝は一日の出発の祈祷を、夜は一日の反省や報告の祈祷を行います。

一人で祈るのも大切ですが、祈祷会で他の人の祈祷を聞くことで恵みを受けるときも多くあります。

＊6　地上天国

統一教会は、地上天国と天上天国の実現を目指しています。天国は、神様を親として侍り、互いに愛し合い、ために生き合う平和な世界です。

＊7　れいかい（霊界）

人間は地上生活を終えると霊界に行き、そこで永生します。地上生活は、永遠の世界に行くための訓練の場です。地上で愛する訓練をして人格を完成し、幸せな家庭を築いた人が、霊界で天国に入ります。霊界に行った人は霊人となり、地上にいる子孫や家族を見守りながら生活しており、地上人が切実に求めれば、その霊人と交流することができます。統一教会には実際に、霊人と交流しながら生活している家族もたくさんあります。

＊8　み言《ことば》

文鮮明先生が語られた言葉のこと。教会員の信仰生活の指針となるものです。語られたみ言のうちで編纂《へんさん》されたものは、現在、五百巻を超えています。文先生は、教会員が毎朝五時からみ言を読んで一日を出発することを奨励し、自らも率先して実践していらっしゃいます。

＊9　ために生きる

文鮮明先生の教えの中心的なものの一つが、「ために生きる」です。自らを犠牲にし、相手の幸せのために投入する生き方のことであり、この精神こそが世界に平和をもたらすものであると説いています。

＊10　祝福

教会員はみな、神様の祝福のもとで結婚をします。それを「祝福」、「祝福結婚」と呼んでいます。教会員にとって、祝福は最も聖なるものであり、結婚後の貞操を誓います。一九六〇年、文鮮明先生ご夫妻の主宰によって、初めて三カップルが祝福結婚式を挙行しました。現在は世界百九十二か国に「祝福家庭」が誕生し、神様を中心とした幸せな家庭を築いていています。既に結婚した夫婦も、改めて祝福結婚式に参加すれば、祝福家庭となります。

＊11　（痛みや苦しみの）清算

人間は、人類始祖アダムとエバの堕落によって生じた〝原罪〟を受け継ぎ、神様から遠い存在となりました。それが人生の苦しみの根本原因となりました。その原罪を清算することができるのはメシヤ（文鮮明先生ご夫妻）だけですが、その恩恵にあずかるには、人間の努力も必要です。教会員は、断食や水行（冷水を浴びて心身を清める）をしたり、伝道や、愛すること、許すことなどの実践をしながら、神のもとに帰っていく努力をします。また、さまざまな試練や不幸な出来事も神様の愛であるととらえ、感謝して克服しようとします。

＊12　霊の子

統一教会では、伝道（神様、真の父母様とその教えを伝えること）を通して、親子のような心情関係を結びます。伝道した人を「霊の親」「信仰の親」、伝道された人を「霊の子」「信仰の子」と言います。

＊13　真夏の伝道路程

一九六一年六月から七月にかけて、日本初の開拓伝道が行われました。以来、これが伝統となり、毎年夏には特別に四十日という期間を設けて、伝道に力を入れています。

＊14　み旨

神様の創造目的（理想）を実現すること。具体的には、伝道などを通して神様が喜ばれる家庭および世界を、地上と天上に築くことです。

あとがき

世界基督《キリスト》教統一神霊協会の中心的な教えの一つに「神様の真《まこと》の愛を相続しよう」があります。

雲一つなく、どこまでも澄んだ藍《あい》色の空を見たとき、私たちは「真っ青な空！」とその感動を口にします。夕陽を見て「真っ赤な太陽だ！」と叫んだ記憶がある人も多いでしょう。

このように私たちは、純粋で、一切の混じりけのないものを表現するとき、「真」を使うのです。

心の中心、それが「真心」であり、神様の中核、それが「真の愛」です。

文鮮明《ムンソンミョン》先生は、イエス様が説かれた「怨讐《おんしゅう》を愛しなさい」という次元をさらに超えて、「愛は与えて忘れなさい」と説かれます。怨讐を愛する次元を超えて、怨讐を愛したことさえも忘れなさい、と語られるのです。

あとがき

神様は、真の愛のチャンピオンです。与えて与えてすべて忘れたお方です。人間の罪を赦《ゆる》して赦して、すべて忘れたお方です。愛したことも赦したこともすべて忘れる――これが、神様の真の愛です。永遠、不変、絶対的な愛です。この真の愛を「相続する」ということは、神様の本質を受け継ぐことなのです。

しかし、この神様の真の愛を相続するということは、簡単ではありません。そこで私たちは、見えない神様の愛を、具体的に生活の中でどのように感じたのか、その証《あか》しを集め、そこを一つの手掛かりとして、神様の真の愛の相続という人生の根本的なテーマに心を砕いていけるようにと、この企画に取り組みました。

神様の真の愛を尋ね求める方にとって、本書が人生のささやかな道標《みちしるべ》となり、共に神様の真の愛に満ちた世界を目指してくださる契機となれば、これ以上の幸せはありません。

世界基督教統一神霊協会　広報局長　鴨野 守

証し募集

今度は、あなたの証しを聞かせてください！

今後は、「子女の愛」「兄弟姉妹の愛」「夫婦の愛」「父母の愛」「自然の中の神様」のテーマごとに証し集をまとめていきます。奮ってご応募ください。

【字数】400字以内

氏名、年齢、電話番号、住所を明記の上、下記までお送りください。

「神様の真の愛の証し集」係

〒150-0042
東京都渋谷区宇田川町37-18トツネビル3F（株）光言社
FAX .03-3468-5418　E-mail.akashi@kogensha.com
お問い合わせ　TEL 03-3467-3105

神様に愛された日　48のテスティモニー

2009年12月15日　初版第1刷発行

編集　世界基督教統一神霊協会
発行　株式会社　光言社
〒150-0042　東京都渋谷区宇田川町37-18
印刷　株式会社　ユニバーサル企画

ISBN978-4-87656-155-1　C0014